# DRENTHE OP DOEK

# DRENTHE OP DOEK

## ZES FIETSTOCHTEN LANGS GESCHILDERD LANDSCHAP

Uitgeverij Noordboek

Deze uitgave kwam tot stand op initiatief van
het Drents Archief en de Stichting Drentse Fiets4daagse

© 2007 Uitgeverij Noordboek, Groningen

ISBN 978 90 330 0617 3
NUR 521


Tekst:            Egbert Brink
Routes:           Paul Brood
Afbeeldingen:     Drents Museum, Assen (DM) en Drents
                  Archief, Assen (DA), tenzij anders aangegeven
Cartografie:      A. Oldenbeuving, sectie GIS en Cartografie,
                  provincie Drenthe
Omslag/opmaak:    De Vries & Luiks

www.noordboek.nl

# Inhoud

Drenthe op doek 6

ROUTE 1

Zuidlaren-Tynaarlo-Vries-Oudemolen-Zeegse-Zuidlaren 12

ROUTE 2

Rolde-Anderen-Eext-Gieten-Gasselte-Drouwen-Rolde 18

ROUTE 3

Borger-Exloo-Valthe-Odoorn-Eeserveen-Westdorp-Borger 24

ROUTE 4

Veenoord/Nieuw-Amsterdam-Oosterhesselen-Aalden-Zweeloo-
Benneveld-Achterste Erm-Veenoord/Nieuw-Amsterdam 30

ROUTE 5

Westerbork-Elp-Hooghalen-Zwiggelte-Westerbork 36

ROUTE 6

Meppel-Wanneperveen-Giethoorn-Darp-Havelterberg-
Eursinge-Nijeveen-Meppel 42

Verder lezen over schilders in Drenthe 48

dramatiek verdween nog niet – titels als "Bij opkomende regenbui" of "Voor het onweer" zijn veelzeggend – maar er zat meer gevoel en directheid in. Willem Roelofs, die verschillende stadia van landschapsschilderen doormaakte, typeerde die ontwikkeling als volgt: "In het moderne landschap heeft men meer en meer getracht, dichter bij de natuur te komen en zich losgemaakt van de kunstgrepen en de aangenomen theorieën van compositie en effect."

*Willem Roelofs, Drents landschap in de negentiende eeuw* (DM)

## Naar buiten

Dit nieuwe realisme kwam van elders: van Engelse landschapsschilders als Constable en Turner en vooral van Franse kunstenaars als Rousseau en Corot, die in de bossen van Fontainebleau rechtstreeks naar de natuur werkten. In Barbizon ontstond in het midden van de negentiende eeuw een kunstenaarskolonie. Schilders als Millet, Rousseau en Corot keerden zich tegen de academische conventies. Landschappen moesten niet in elkaar geknutseld worden, maar geobserveerd worden. En waar kon dat beter dan in de natuur zelf. Draagbare schilderkisten en olieverf in tubes maakten deze trek naar buiten mogelijk. Een schilderij of aquarel dat in de buitenlucht ontstond was een weergave van wat gezien werd, maar ook een neerslag van hoe dat landschap werd ervaren. De landschapsschilderkunst legde zich toe op 'momentopnamen' in een snelle en treffende stijl. De natuur werd als het ware anatomisch ontleed.

Deze trek naar buiten – het plein air schilderen – kreeg navolging in Nederland. Willem Roelofs was een van de eersten. Hij reisde naar Frankrijk en logeerde er in de befaamde schildersherberg Ganne te Barbizon. Roelofs vertegenwoordigde de Nederlandse versie van het impressionisme: 'eenvoudige' landschappen, niet spectaculair, maar wel met wat hij zelf "de adem der natuur" noemde. Roelofs maakte op die wijze virtuoze, vlot opgezette olieverfschetsen. Andere pioniers van de Haagse School waren Johannes Bosboom, Jozef Israëls, Hendrik Willem Mesdag en Jacob en Willem Maris. De nieuwe realistische richting werd door de kunstkritiek in het algemeen goed ontvangen, al vonden sommigen de schilderijen wat grijs in vergelijking met het heldere licht dat de Franse schilders zo mooi op doek brachten.

*Willem Roelofs, Hunebed bij Tynaarloo* (DM)

*Johannes Bosboom, Rolde* (DM)

Rond 1860 was de pioniersfase voorbij. Vanaf dat moment bereikte het landschapsgenre zijn hoogtepunt bij de schilders van de Haagse school. In eerste instantie werkten zij aan zee, dicht bij huis, later schilderden ze meer landinwaarts. Op meerdere plaatsen ontstonden zo schilderkolonies: Oosterbeek aan de rand van de Veluwe, de vissers-

Bezienswaardigheden onderweg:

**5. Hunebed van Tynaarlo**: een klein hunebed, maar wel gaaf en alles op z'n oorspronkelijke plaats: drie dekstenen, zes zijstenen en twee sluitstenen.

**6. De kerk van Vries**: een van de oudste Romaanse kerken van Drenthe, gebouwd aan het eind van de elfde eeuw. Het gebouw bevat vele historische bijzonderheden.

**7. Locatie Rezzago**: het huis lag op de hoek van de Asserweg en het Koffiedik, nu de wijk de Fledders.

### Vries-Oudemolen-Zeegse-Zuidlaren

*Rijd vanaf het centrum van Vries richting Assen. Steek de rotonde over en ga dan direct rechtsaf de Taarloseweg op. Volg deze weg tot bij het viaduct onder de A28, ga linksaf over de Linthorst Homanweg in de richting van Taarlo-Oudemolen. Bij ANWB 22741 linksaf. Volg vanaf hier de borden via Zeegse naar Zuidlaren.*

'Hier nam de onmetelijke heide een aanvang en duurde voort ...', vermeldde de Utrechtse landhuishoudkundige B.W. Wttewaal in zijn verslag van een voetreis door Drenthe in 1836. Pas aan het begin van de twintigste eeuw werd veel oude heide omgetoverd tot cultuurlandschap. Iets van dit oorspronkelijk landschap is nog terug te vinden in het natuurgebiedje Heidenheim tussen Vries en Oudemolen, het restant van een negentiende-eeuws landgoed.

Over het Noord-Willemskanaal keert u terug in het meer lommerrijke stroomdal van de Drentsche Aa. Oudemolen en Zeegse waren de dorpen die nog lang 'in het zand' bleven liggen. Zeegse werd de plaats waar de van oorsprong Duitse Amsterdammer E. B. von Dülmen Krumpelmann resideerde. Na zijn huwelijk met een plaatselijke boerendochter vestigde hij er zich definitief. Met Roessingh en Dozy zou hij de representant worden van de twintigste-eeuwse Drentse schilders. Anders dan de Mesdags bleef Von Dülmen het hele jaar in Drenthe wonen, hoewel hij regelmatig even terugkeerde naar zijn geboortestad. Zijn Amsterdamse stadsgezichten doen denken aan zijn leermeesters Breitner en Willem Witsen.

*E.B. von Dülmen Krumpelmann,*
*Baadstertjes (DM)*

Onder invloed van de Groninger 'Ploeg' werd zijn stijl frivoler, expressionistischer, maar bleef figuratief. Bekend zijn zijn spelende kinderen aan de oevers van de Drentsche Aa of het Zeegser Loopje: "…Respectabel is het zooals deze schilder die figuurstudies tot stand weet te brengen – tusschen het onrustige spel der kinderen door… Koloristisch zijn de schilderijen hier en daar wat rauw en niet altijd mooi van verf, maar we vergeven den schilder veel, die zoo enthousiast het buitenleven weet weer te geven', schreef Ploeg-schilder Johan Dijkstra als kunstrecencent in 1946 in het Nieuwsblad van het Noorden.

*Jan van der Zee,*
*Zuidlaardermarkt* (DM)

**Bezienswaardigheden onderweg:**
**8. Cronebank**: in 1920 werd te Oudemolen onder grote belangstelling de bank ter ere van meester Crone (1849-1931) in gebruik genomen. Aanleiding was de inzet van deze schrijvende schoolmeester voor de verbetering van de wegen rondom Oudemolen. Lange tijd kon men slechts via zandwegen het dorpje bereiken.
**9. Korenmolen te Oudemolen**: gebouwd in 1837 ter vervanging van een omgewaaide standerdmolen, die waarschijnlijk in de plaats kwam van een middeleeuwse watermolen.
**10. Zeegser Loopje**: beekje dat deel uitmaakt van het beschermde stroomdal van de Drentsche Aa. Van Dulmen was de eerste die het schilderde.

# ROUTE 2
# Rolde-Anderen-Eext-Gieten-Gasselte-Drouwen-Rolde

### Lengte: 30 km

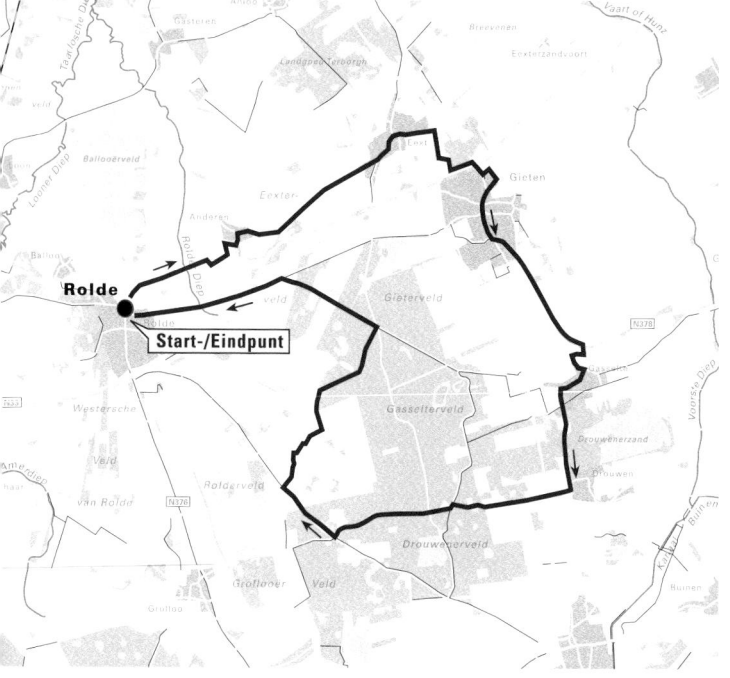

## Rolde-Anderen-Eext

*Startpunt van de route is de Kerkbrink van Rolde. Sla rechtsaf naast de kerk de Hunebedweg in en rijd door tot ANWB 23510. Ga hier rechtsaf het fietspad op in de richting Anderen en Eext. Volg in Anderen de richting Eext (ANWB 21570).*

"Met Rolde begint de reeks van die door kunstenaars zoozeer aangebeden dorpen, die deze genegenheid ten zeerste verdienen, want er is onmogelijk iets schilderachtigers te zien", schreef de Fransman Henry Havard in 1876. "Bij elke tien schreden krijgt men eene geheel voltooide, bewonderswaardig zaamgestelde schilderij voor ogen, die een landschapsschilder van genot moet doen trillen [...] Te Rolde getuigt alles van welvaart. Zijn twee fraaije Hunnebedden staan in 't midden van den esch, dat wil zeggen, dat zij door den gulden oogst omgeven zijn [...] Op een honderd pas afstand van daar verheft zich de kerk, een allerliefst gebouw van de vijftiende eeuw, waarvan de smaakvolle ojieven (= sierranden) en de stevige schoormuren, de bloeijende velden van den omstrek beheerschen."

Talloze kunstenaars kozen Rolde als vertrekpunt voor hun artistieke omzwervingen. Het rommelige, besloten karakter van het dorp en de goede bereikbaarheid ervan maakte het in de ogen van de Haagse schilders aantrekkelijk. Gunstig gelegen ten opzichte van het openbaar vervoer werd het een echt schildersdorp.

De schilderende jonkheer Anthon van Rappard (1858-1892) zocht na zijn vastgelopen vriendschap met Vincent van Gogh nieuwe wegen. Met Willem Wenckebach wandelde hij de door Havard beschreven route. Gezamenlijk maakten ze veel landschapsschetsen. In Rolde vond Van Rappard zijn ideale model in het plaatselijk armenhuis, 'Olle Jantienmue', een oude spinster.

*Anthon van Rappard, Zittende oude*
*Drentse vrouw, 1885*
*(Van Gogh museum)*

Ook de schapenschilder Willem Hamel (1860-1929) vond zijn draai in Rolde. Vanwege een matige gezondheid liet hij zich in het najaar vervoeren in een tot atelier verbouwde overdekte wagen. In de zomer van 1895 maakte hij een groot doek, 'Een heidelandschap in Anderen', een klassiek Drents landschap met herder en schapen, dat hij in de Rolder kerk tentoonstelde.

De opbrengst ging naar de armen van het dorp.

*Willem Hamel, Schaapsscheerder, ca. 1890 (DM)*

Van deze schilders van de Haagse school heeft Julius van de Sande Bakhuyzen (1835-1925) het meest op de Hondsrug gewerkt, eerst vanuit Rolde, later vanuit Exloo. Jaarlijks keerde hij er terug, meestal in de herfst, gedurende bijna 40 jaar. Over zijn motief zei hij zelf eens: "Och, ik had gehoord van mooie bomen. Nou en dan ga je eens kijken en als het goed bevalt, dan blijf je er". Tijdens die verblijven maakte hij vele schetsen en studies, die hij in zijn atelier uitwerkte. Biograaf en vriend Lodewijk Mulder karakteriseerde hem als de schilder van het "rijke, het gezonde geboomte". Samen met zijn bloemenschilderende zuster Gerardine huurde Bakhuyzen van de familie Lieftinck 's zomers een groot huis met tuin in Rolde. Hij hield van het gemoedelijke Drentse landleven en de wisseling van de seizoenen. Vanuit Rolde bezocht hij vrijwel alle dorpen op de Hondsrug.

*Julius van de Sande Bakhuyzen, Tuin in Rolde, ca. 1890 (DM)*

Ook na 1900 bleef Rolde een geliefd schildersoord. Arie van der Boon (1886-1961) vestigde er zich na een zwervend bestaan in 1915. Hij zou de rest van zijn leven in Rolde blijven wonen: aanvankelijk in het tuinhuis van burgemeester Reynders, later op stand in de Asserstraat na zijn huwelijk met een dochter van de vooraanstaande Asser familie Gratama. Hij legde zich als navolger van de meesters uit de Haagse school toe op het tekenen van het Drentse landschap met waskrijt. Daarbij zocht hij vooral ongerepte, nostalgische plekken. Heidevelden, een afgelegen veld met roggeschoven of een eenvoudige boerenschuur, dat waren zijn onderwerpen. Menselijk figuren ontbraken meestal. Veel van zijn vroege landschappen kwamen in de open lucht tot stand.

*Arie van der Boon, Middenstraat te Rolde, 1915 (DM)*

**Bezienswaardigheden onderweg:**
**1. De kerk van Rolde en de hunebedden**. Deze vaak geschilderde gotische kerk uit omstreeks 1450 verheft zich ver boven het landschap en is ook in de wijde omgeving zichtbaar. Gezien de twee hunebedden achter de kerk moet deze plek al ver voor onze jaartelling bewoond zijn geweest.
**2. Hotel Van Wageningen** (tegenover de kerk, nu Bowling-Partycentrum), Hoofdstraat 12, Rolde. Voor dit hotel zijn Willem Wenckebach en Anthon van Rappard vereeuwigd.

*Willem Wenckebach, Hunebedden bij Rolde, 1882 (DM)*

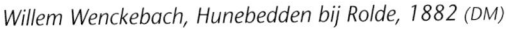

*Schets door Willem Wenckebach met Anthon van Rappard voor
Hotel Van Wageningen, Rolde, juli 1882 (DM)*

*Hotel Van Wageningen rond 1930 (DA)*

### Eext-Gieten-Gasselte-Drouwen-Rolde

*In Eext bij de Hoofdstraat linksaf. Volg bij ANWB 832 en 11869 de weg
naar Eexterveen. Onder de N34 door rechtsaf bij ANWB 11870 in de
richting van Gieten. Houd vanaf ANWB 23540 de richting van Gasselte
aan. De route leidt bij ANWB 25001 over een mooi fietspad. Aangekomen in het dorp Gasselte de borden richting Borger volgen. Bij ANWB
20935 in Drouwenerzand gaat u rechtsaf, steekt de N34 over en u ver-
volgt deze weg tot Papenvoort. Hier gaat u bij ANWB 5663 rechtsaf terug
naar Rolde.*

Met Henri Havard zien we het landschap na Rolde veranderen: "De
omgeving van Eext en Gieten is echter geheel anders. Beide dorpen
zijn in eene woestijn gelegen. Geene vruchtbare velden, geen ver-
frisschende lommer meer; overal de kale, zwartachtige hei en aan
den horizont enkele houtpartijen met blaauwachtig gebladerte. Heeft
men eenmaal dezen groenen gordel overschreden, dan verandert

alles weder op nieuw en men vindt het prettige, schilderachtige en bevallige voorkomen terug van die welvarende gehuchten, met hunne kalme vrolijkheid en hunne onopgesmukte schoonheid en hunne oude huizen en hunne jeugdige kerk en, aan een hoek van den weg, eenen jeugdige, stille bedaarde herberg, aangeduid door haar ijzeren uithangbord en een ter helfte gevulde ruif, die het vermoeide paard afwacht."

De schilder/tekenaar Egbert van Drielst (1745-1818) was onder de indruk van Eext. In 1772 kwam hij er voor het eerst, dertig jaar later nog steeds. Hij modelleerde veel van zijn Drentse landschappen naar dit dorp. Daarbij stond niet zozeer de topografische juistheid centraal, maar meer de vrije interpretatie van oudere boerderijen in een ongerepte, door eeuwenoude eiken overheerste natuur.

In 1885 schilderde Julius van de Sande Bakhuyzen het dorp Gieten, waar de mooie wegen met de zware eiken bij het Zwanemeer en de omstreken van Eext hem trokken. "Wat een karakter in Eext en wat eene grootheid in Drouwen", noteerde ook Anthon van Rappard enthousiast in één van zijn brieven. Met die grootheid doelde hij waarschijnlijk op de uitgestrektheid van het Drouwenerzand, destijds honderden hectares groot. Zandverstuivingen ontstonden voornamelijk in de achttiende en negentiende eeuw: het stuivende zand was bij felle wind een bedreiging voor de omliggende akkers.

*Willem Roelofs,*
*Boerderij met*
*schuur te Gieten,*
*1886 (DM)*

**Bezienswaardigheden onderweg:**
**3. Zwanemeer bij Gieten:** een van de belangrijkste eikenbossen van Drenthe, met veel grafheuvels.
**4. Hotel Braams in het hartje van Gieten:** oorspronkelijk een zeventiende-eeuwse boerderij, maar al heel lang als herberg en hotel in gebruik.
**5. Drouwenerzand:** heuvelachtig terrein met bos, heide en jeneverbesstruwelen. Aan het begin van de twintigste eeuw herbebost door de Oranjebond van Orde.
**6. Saksisch boerderijtje:** Schoolstraat 10 te Drouwen. Eén van de laatste oude, schilderachtige boerderijen van het dorp.

# ROUTE 3
# Borger-Exloo-Valthe-Odoorn-Eeserveen-Westdorp-Borger

Lengte: 25 km

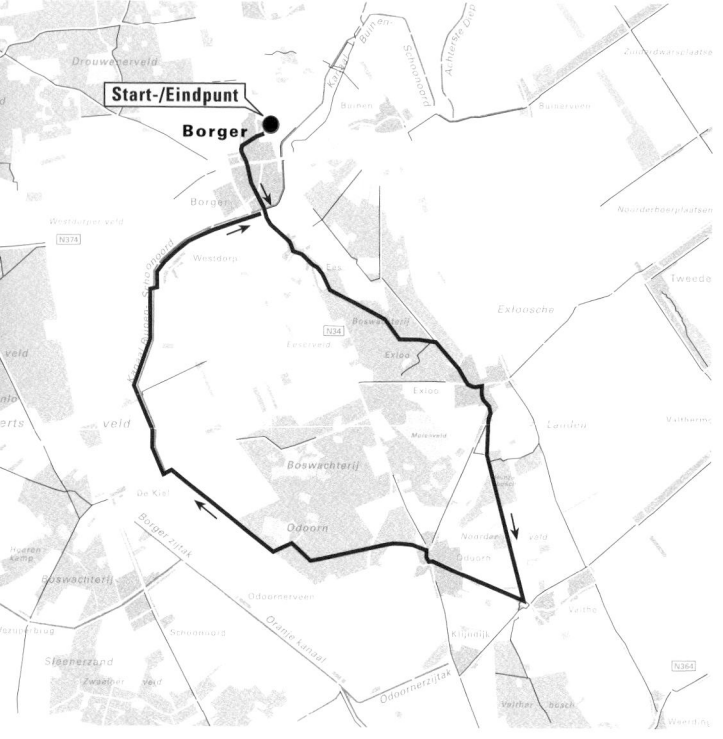

### Borger-Exloo

*Startpunt is het Hunebeddeninformatiecentrum aan de Bronnegerstraat te Borger. Rijd naar het centrum van het dorp via de Hunebedstraat naar de Hoofdstraat en vervolgens rechtdoor over de rotonde in de richting van Ees. In Ees linksaf bij ANWB 20137 en volg het fietspad tot in het centrum van Exloo.*

Borger heeft het grootste hunebed van Drenthe, maar dat heeft weinig schilders geïnspireerd. Waarschijnlijk was dat een gevolg van de ligging ervan. Het is ingeklemd tussen het groen. "Zijn magtig werk wordt kleiner, nietiger, als 't in een kring van boompjes is besloten, en men op een bank kan zitten om het te bekijken", wist dominee Jacobus Craandijk in 1878 al. Johan Briedé (1885-1977) is een van de weinige kunstenaars geweest, die meerdere hunebedden heeft geschilderd. Hij deed dat in een pointillistische stijl, een techniek die in het het begin van de twintigste eeuw veel werd toegepast.

*Johan Briedé, Hunebed in reparatie, 1927 (DM)*

Craandijk was wel gecharmeerd van het 'lieflijke' Borger. "Schilder-achtige muurtjes van leem en vlechtwerk, houten gevels, begroeide daken, uitbouwsels en afdakjes van allerlei vorm en kleur, hekken en hagen, graspleintjes en wegen, eiken, linden, berken, wilgen geven er een onophoudelijke afwisseling van de fraaiste dorpsgezichten. Vrolijk kleuren de doeken der vrouwen en meisjes bij die rijk gescha-keerde landschappen. Kinders, kippen, wagens, gevelde boomstam-men stofferen de schilderij". Ondanks deze wervende woorden is Borger, anders dan Rolde, niet echt in trek geweest bij kunstenaars. Alleen het 'Dorpshuis te Borger' was een interessant object, getuige het werk van Floris Verster (1861-1927) uit 1903. Hij maakte er drie versies van: twee tekeningen en een olieverfschilderij. Dit werk staat in schril contrast tot een losser geschilderde boerenkar, die op de in-vloed van zijn leermeester Breitner wijst. Dit zijn de enige Drentse werken van deze wat teruggetrokken schilder.

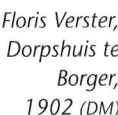

*Floris Verster,*
*Dorpshuis te*
*Borger,*
*1902 (DM)*

*Floris Verster, Boerenkar in schuur, 1902* (DM)

Bezienswaardigheden onderweg:
**1. Armenwerkhuis**, Bronnegerstraat 12 in Borger: onderdeel van het Hunebeddencentrum. Het uit 1852 daterend armenwerkhuis heeft dienst gedaan tot 1930. In ruil voor kost en inwoning moesten de armen zich hier onderwerpen aan een flinke arbeidstucht. Van het oorspronkelijke gebouw is alleen het exterieur nog intact.
**2. Joodse begraafplaats aan de Marslandenweg**: wanneer u op de Hunebedstraatstraat linksaf de Ambachtsstraat ingaat en dan circa 500 meter de Marslandenweg infietst, komt u bij een door bomen omringde begraafplaats van de kleine joodse gemeenschap van Borger. Deze begraafplaats uit 1865 is de laatste herinnering aan het joodse leven hier. De synagoge aan de Koesteeg uit 1887 in gebruik genomen, maar raakte als snel in verval. In 1960 werd het gebouw gesloopt.

### Exloo
*Het centrum van Exloo is de kruising van de Hoofdstraat en de Zuider-
hoofdstraat, bij hotel Bussemaker.*

In 1884 legde een grote brand een groot gedeelte van Exloo in de as. Anthon van Rappard behield er desondanks goede herinneringen aan: "'t Is er mooi – Exlo was kort geleden gedeeltelijk afgebrand en was men bezig nieuwe huisjes te zetten; ik herinner mij ook een oude wal van keien waarover men mij verteld had. Van Valthe heb ik nog een paar schetsjes; van Odoorn ook; daar herinner ik mij nog eenige met wapentjes beschilderde vensterruitjes in 't armhuis!"
Julius van de Sande Bakhuyzen maakte – na een periode in Rolde – in

1895 van Exloo zijn exclusieve schildersoord. Hij vertoefde er in de zomer en de herfst in het na de brand herbouwde hotel Bussemaker. In de zomer van 1891 kwam hij hier al eens in gezelschap van Willem Roelofs en Lodewijk Mulder. Fotograaf Geert Jannes Landweer, die een goed contact met de schilders had en hen op veel Drentse gehuchten wees, vereeuwigde "den genoegelijken dag, dien wij daar den 13en september in den warmen zonneschijn hebben doorgebracht". De wat geïsoleerde ligging, de monumentale eiken – er zijn er nog een paar te zien langs de Polweg – en een gemoedelijke bevolking waren de aanleiding voor deze jaarlijkse pelgrimage van Den Haag naar Drenthe.

Tot op hoge leeftijd zou Bakhuyzen hier terugkeren. Zodoende zag hij ook de veranderingen in het landschap ten gevolge van de modernisering. De vervening, de houtkap en de aanleg van de spoorweg van de Noordoosterlocaalspoorwegmaatschappij bezag Bakhuyzen met gemengde gevoelens: "Zoodoende zal dat mooie land langzamerhand meer toegankelijk worden en vermindert het privilege van de schilders."

*Schilders in Exloo, 13 september 1891 (foto G.J. Landweer)* (DM)

Bezienswaardigheden onderweg:

**3. Gemeentehuis Borger-Odoorn** in Exloo. Uitbreiding van het oorspronkelijke gemeentehuis van Odoorn, een ontwerp van het vermaarde architectenbureau Alberts en Van Huut, dat ook bekend is van het opvallende Gasuniegebouw in Groningen.

**4. Schaapskooi** aan de Hoofdstraat 55, Exloo: het schilderij 'Bij de schaapskooi in Exloo' zou hier in de buurt geschilderd zijn en wel op het huidige adres Hoofdstraat 21.

**5. Hotel Bussemaker,** Zuiderhoofdstraat 1, Exloo. De van oorsprong Duitse familie Bussemaker werd in 1880 eigenaar van dit bekende logement. Lange tijd deed het dienst als gemeentehuis.

**6. Bebinghehoes:** Zuiderhoofdstraat 6, Exloo, genoemd naar het middeleeuwse geslacht Bebinghe. De huidige boerderij stamt uit 1722 en is tegenwoordig ingericht als museumboerderij. Hier is ook het bekende kralensnoer van Exloo ondergebracht, dat in 1881 in het veen van Exloërmond werd gevonden.

**7. Grafheuvel 'Rondbargie'** langs de Polweg, Exloo: één van de vele prehistorische overblijfselen uit dit gebied dat al duizenden jaren bewoond wordt door mensen.

*Julius van de Sande Bakhuyzen, Bij de schaapskooi in Exloo, ca. 1900 (DM)*

*Hotel Bussemaker*
*rond 1900* (DA)

### Exloo-Valthe-Odoorn-Eeserveen-Westdorp-Borger
*Neem de Zuiderhoofdstraat in de richting Odoorn en kies bij ANWB*
*21544 het fietspad door het Zuiderveld naar Valthe. Bij ANWB 221543*
*in Valthe rechtsaf in de richting van Odoorn. Rijd over de Valtherweg tot*
*in het dorp Odoorn. Daar rechtsaf door de Hoofdstraat, dan linksaf de*
*Schaapstreek nemen. Volg deze in de richting van Odoornerveen vanaf*
*ANWB 23330. Bij ANWB 23333 naar rechts tot in Eeserveen. Volg bij*
*ANWB 21081 de richting Borger. Langs het kanaal Buinen-Schoonoord*
*leidt de route door Westdorp en vandaar terug naar Borger.*

Het buurtschap Eeserveen is aan het eind van de negentiende eeuw
ontstaan. Rond 1900 stonden er de eerste boerderijen en in 1930
was het grootste gedeelte van de heide en het veen in cultuur gebracht. In die tijd kreeg het dorpje een verbinding met Borger en het
Oranjekanaal door het kanaal Buinen-Schoonoord. Het kanaal is met
de schop uitgegegraven en was bedoeld als werkverschaffingspro-
ject. In 1931 werd het kanaal geopend en 35 jaar later gesloten voor
de beroepsvaart, toen het vervoer over land goedkoper bleek.

Julius van de Sande Bakhuyzen kwam veel in Westdorp: "een der weinige Drentsche dorpjes, onmiddellijk aan een stroompje gelegen en
dat het daar zoo mooi doet". Toch is van het oorspronkelijke esdorp
niet veel meer over. Tot eind achttiende eeuw stond er zelfs een
havezate van de familie Rengers.

Bezienswaardigheden onderweg:
**8. Kerk en koor van Odoorn.** "Zoekt gij er werken van kunst – der-
zelver katalogus begint en eindigt met no. 1, 't kerkgebouw der Her-
vormden, een snoeperig kerkje, met een even snoeperig torentje –
tot een zeker hoogte van gekapte veldstenen opgetrokken', zo schreven de Podagristen in 1842. Dit waren drie schrijvers die een denk-
beeldige reis door Drenthe maakten, maar wel een realistische
impressie van de provincie gaven.
**9. De grote dobbe de Eendenkuil** in Odoorn. Hier werden vroeger
boomstammen gewaterd.
**10. Saksische boerderij te Westdorp,** Brink 9: de laatste karakteristieke boerderij van het dorp staat op zeventiende-eeuwse funda-
menten. Deze boerderij maakte deel uit van de rond 1800 afgebroken havezate Westrup.

# ROUTE 4
## Veenoord/Nieuw-Amsterdam-Oosterhesselen-Aalden-Zweeloo-Benneveld-Achterste Erm-Veenoord/Nieuw-Amsterdam

Lengte: 25 km

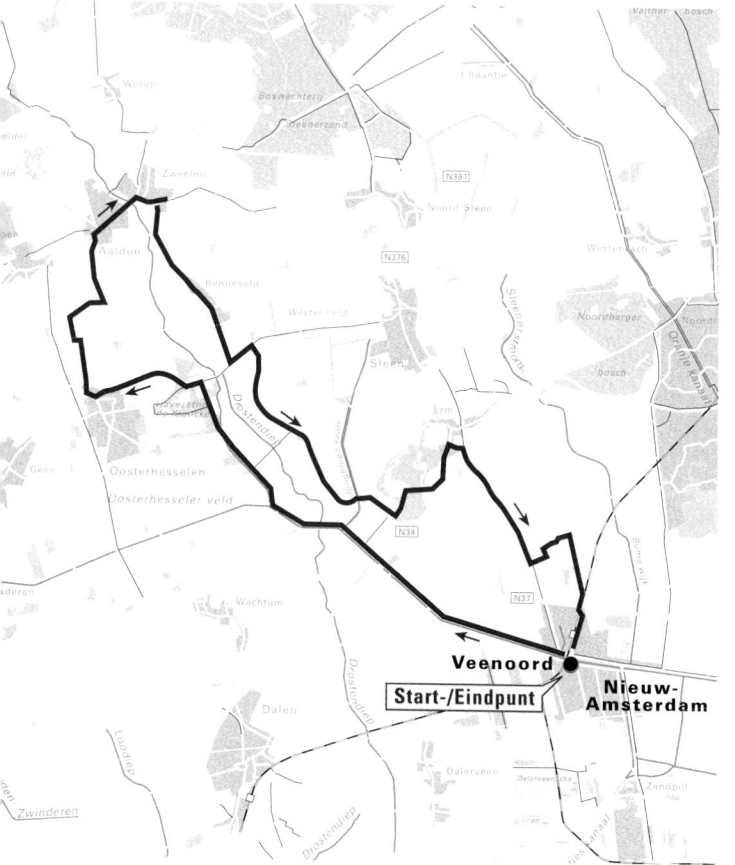

### Veenoord/Nieuw-Amsterdam-Oosterhesselen-Aalden

*Startpunt is het Van Gogh Huis, Van Goghstraat 1 te Veenoord/Nieuw-Amsterdam (vlakbij NS-station Nieuw-Amsterdam). Over de brug naar links, over het spoor en volg de noordzijde van de Hoogeveense Vaart circa 4 kilometer in westelijke richting tot ANWB 24922. Daar rechtsaf tot aan havezate De Klencke. Vanaf hier (ANWB 21529) linksaf naar Oosterhesselen. In het dorp bij ANWB 23965 de weg nemen door de landerijen richting Aalden (langs ANWB 23967).*

Na een kort verblijf in Hoogeveen kwam Vincent van Gogh (1853-1890) met de trekschuit naar Nieuw-Amsterdam. Deze tocht van zeven uren bracht hem in de uitgestrekte veengebieden. Een groot gedeelte van dit veengebied moest nog 'aan snee komen'. Op 2 oktober 1883 nam Van Gogh hier intrek in het het logement van Hendrik Scholte. "Ik heb nu een redelijk groote kamer waar een kagchel ingezet is en waar toevalligerwijs een klein balcon aan is van waar ik reeds de heide met de keeten zie", schreef hij in een van zijn brieven aan zijn broer Theo. De armzalige spitketen moeten een groot contrast zijn geweest met het mondaine Den Haag, waar hij zich in 1881 had gevestigd en via zijn neef Anton Mauve kennis maakte met jongere kunstenaars van de Haagse school.

In de uitgestrekte veengebieden maakte hij tekeningen van arbeiders, boerderijtjes en boomstronken in het veen. Zijn Drentse periode leverde 23 brieven aan zijn broer Theo en circa 40 tekeningen en schilderijen op. Na twee maanden dwongen geldgebrek en eenzaamheid hem Drenthe te verlaten.

U volgt op deze route Van Gogh langs de Hoogeveense vaart, maar nu in omgekeerde richting. Niet ver hier vandaan maakte hij zijn 'Turfschuit met twee figuren'. Het schilderij lijkt de verbeelding van de strijd om het bestaan in een vijandig landschap. Deze belangstelling voor de mensen in de marge van de samenleving deelde hij met collega-schilders Van Rappard en Breitner. Van Gogh bekeek het Drentse veenlandschap "in zijn eenvoudige lijnen en tegenstellingen van licht & bruin". Met deze kunst van het weglaten stond hij ver af van dat wat de Haagse school-schilders uit zijn tijd nastreefden. Modernistische twintigste-eeuwse schilders als Piet Mondriaan gingen verder op de door Van Gogh nagestreefde ontleding van het landschap.

*Vincent van Gogh, Turfschuit met twee figuren* (DM)

Bezienswaardigheden onderweg:
**1. Van Gogh Huis**, Van Goghstraat 1, Nieuw-Amsterdam. Informatiecentrum over het leven en werk van Van Gogh met nadruk op zijn Drentse tijd. Het Van Gogh Huis dateert van omstreeks 1880. Het is gebouwd door Jan Albert Gratama, telg uit de bekende Fries-Drentse bestuurders- en juristenfamilie. Indertijd had het huis een voorname uitstraling, wat werd onderstreept door het balkon aan de voorzijde.
**2. Havezate De Klencke** aan de Klenckerweg 13, Oosterhesselen, stamt uit de veertiende eeuw en was in bezit van het geslacht Klincke. In 1603 kwam het huis in handen van de jonkersfamilie Van Welvelde, lid van de Drentse ridderschap en als zodanig ook van het gewestelijk bestuur van Drenthe. Na een grootscheepse verbouwing kreeg het huis in 1760 zijn huidige aanzien.
**3. Oud-Aalden**. Beschermd dorpsgezicht met vele karakteristieke boerderijen, waaronder de gerestaureerde hoeve ''t Hoes van Hol-An' uit 1668. Veel van wat Egbert van Drielst tekende lijkt hier nog onveranderd, al hebben een aantal boerderijen hun agrarische bestemming verloren.

### Aalden-Zweeloo-Benneveld-Achterste Erm-Veenoord/ Nieuw-Amsterdam

*In Aalden de weg volgen naar buurdorp Zweeloo. Daar rechtsaf de Kruisstraat in en volg de Wheem tot de NH-kerk. Ga dan terug tot ANWB 18026, sla linksaf de Burg.Tonkensstraat in en volg dan de weg richting Benneveld. Door het dorp heen bij ANWB 24923 linksaf richting Sleen. Na 100 meter rechts de Broeklanden in. Bij ANWB 24003 de weg volgen langs het Ermerzand (ANWB 24002) naar Erm.Vanaf hier door Achterste Erm, over het viaduct van de N34 via Ermerveen, terug naar Veenoord/Nieuw-Amsterdam.*

"Het dorp in hoog lommerrijk geboomte verscholen, en om zijn natuurschoon de aandacht van elken landschapsschilder overwaardig", lezen we in het aardrijkskundig woordenboek van Van der Aa uit 1850. Zweeloo werd in de negentiende eeuw een echt kunstenaarsdorp. In het voetspoor van Van Ravenswaay, Roelofs, Mauve en Van de Sande Bakhuyzen wisten tientallen grote en kleine meesters de weg naar het plaatsje te vinden. Zo ook Van Gogh, die eind november 1883 voor dag en dauw een lift in een open wagen aangeboden kreeg van logementhouder Scholte. Vincent miste het contact met andere kunstenaars en dacht in Zweeloo wat aanspraak te vinden. Hij hoopte dat Max Liebermann er zou schilderen. De in Duitsland wonende Liebermann maakte in Zweeloo een jaar eerder 'Die Rasenbleiche' (Het bleekveld), nadat Jozef Israëls hem had gewezen op de schoonheid van het Drentse platteland. Tot een ontmoeting met Liebermann kwam het niet: het schilderseizoen was voorbij en alle schilders waren vertrokken. Desondanks maakte Zweeloo grote indruk op hem: "Het inrijden van het dorp was toch zo mooi. Enorme mossen daken van huizen, stallen, schaapskooien, schuren. Hier zijn de woningen heel breed tussen eikebomen van een superbe brons…"

*Max Liebermann, Die Rasenbleiche (Wallraf-Richartz-Museum, Keulen)*

Eind negentiende eeuw was Zweeloo een levendig dorp, waar behalve boeren opvallend veel ambachtslieden woonden en werkten. Bovendien waren er meerdere herbergen. Henry Havard en zijn reisgenoot werden op hun rondreis door Nederland in de herberg van Mensingh door de vrouw des huizes effectief de deur gewezen: "Wat wilt gij? Schreeuwde zij ons toe, eene kamer? Er is hier voor u geen kamer…" Onderdak en een goed gesprek vonden ze wel bij ds. Alexander Lodewijk Lesturgeon, die zich verbaasde over de handelwijze van de welgestelde Mensingh. "Toen de leeraar ons nu verfrischt en versterkt zag, wilde hij ons zelf op zijn geestelijk gebied rondleiden. Wij begonnen met de kerk, een eenvoudig gebouw, in den Romaanschen stijl, dat door een klein kerkhof omgeven is. Op deze vreedzame rustplaats der dooden, rustten ook wij een weinig uit en te midden van deze eenvoudige graven bragten wij aangenaam pratende de laatste uren van den dag door…" Lesturgeon stond hier in de periode 1864-1878 op de kansel. Behalve predikant was hij vooral bekend als natuurgenezer, schrijver en volks(taal)kundige.

*Julius van de Sande Bakhuyzen, Drents landschap met koeien* (DM)

Na 1900 had het dorp een deel van zijn magie verloren, althans voor Julius van der Sande Bakhuyzen, die meer van het lommerrijke hield. Hij schreef: "Drenthe heeft voor mij altijd veel aantrekkelijks en ik zou gaarne deze herfst nog weer terug gekomen zijn, maar in Zweeloo was Jufr. Mensingh niet te bewegen mij langer dan één nacht te logeeren. Daarbij was het een grote tegenvaller zoo veel mooije boomen in Zweelo en Aalden omgehakt te zien, waardoor de illusie van vroegere jaren verdwenen was". Ook maatschappelijk veranderde Zweeloo. Jo Boer (1906-1985), vooruitstrevend maatschappelijk werkster voor Drenthe, die in 1930 naar het probleemgebied Zuidoost-Drenthe kwam, beschreef die veranderingen in haar studie 'Dorp in Drenthe': "De Zweeler samenleving van 1970 vertoonde minder samenhang dan die van 1930. Zij was niet langer de boerensamenleving van weleer maar een veelvormige (pluriforme) samenleving geworden."

*Julius van de Sande Bakhuyzen in Haags atelier (Part. Coll.)*

Bezienswaardigheden onderweg:
**4. Logement Mensingh in Zweeloo**, tegenwoordig café-restaurant-hotel 'Herbergh van Sweel'. Hier in de buurt schilderde Liebermann zijn bleek en boomgaard, waarschijnlijk vanuit een veld dat ten oosten van de herberg lag. Op het schilderij is een deel van de herberg

vereeuwigd. Ook Van Gogh maakte er een schets van de boomgaard. Tot aan het begin van de twintigste eeuw hebben er Mensinghs gewoond. Het uithangbord en de gedenkstenen bij de toegangsdeur herinneren nog aan die tijd.

**5. Kerkje van Zweeloo**, De Wheem 10. Dit kerkje uit de dertiende eeuw – daarvoor stond er op dezelfde plaats een houten kerkje in dezelfde stijl – was in vervallen staat toen Vincent van Gogh het tekende. Het deed hem denken aan het door Barbizon-schilder Jean Millet geschilderd Normandisch kerkje. De grote afgeplatte veldkei voor de ingang van de kerk zou een heidense 'offersteen' zijn. Schuin tegenover de kerk vond archeoloog Van Giffen het rijke graf van een jonge vrouw, die bekend zou worden als "De prinses van Zweeloo". Op de begraafplaats bij de kerk ligt het graf van de A.L. Lesturgeon.

**6. Stroomdallandschap van het Drostendiep**: het riviertje dat als Westerstroom langs havezate De Klencke stroomt, mondt bij Coevorden uit in het Stieltjeskanaal en maakte in de jaren '20 deel uit van een grootschalig 'verbeteringsplan' van kleine stroompjes in Zuidoost-Drenthe.

*Vincent van Gogh, Schaapsherder met kudde bij een kerkje in Zweeloo (Part. Coll.)*

# ROUTE 5
# Westerbork-Elp-Hooghalen-Zwiggelte-Westerbork

Lengte: 25 km

## Westerbork-Elp

*Start op het Burgemeester Gualtherie van Weezelplein en fiets de hoofd-straat uit in de richting van de hervormde kerk. Ga voorbij 't aole ge-meentehoes links de Zandhoeklaan in, richting Elp. Sla in Elp aangekomen linksaf de Hoofdstraat in. Middenin het dorp linksaf de Smalbroeksweg in.*

Op 11 juni 1880 wandelde Harm Boom, Drents schrijver-journalist, naar Westerbork. Hij schreef over zijn tocht: "Naar mate ik Westerbork naderde, werd het woester. Was het, om de verrassing, die het lieve dorpje ons zou aanbieden, zooveel te grooter maken? Ik zag zand-heuvelen, vroeger geheel ten prooi gevallen aan den wind…Daar lag Westerbork! Als eene lieflijke oase van Lybië en ik nam uit mijn por-tefeuille de teekening, bijna 40 jaar geleden door den, wij schreven haast Drentschen schilder, J. van Ravenzwaay, van Westerbork ge-maakt… Er is veel veranderd in bijna eene halve eeuw, maar bosch en lommer zijn niet verdwenen en snoeperig tuurt daar nog, even als op het schilderstukje van Ravenswaay (1789-1869), het haantje van den toren, over de eiken kruinen, in 't ronde."

Boom doelde op een litho van Jan van Ravenswaay uit 1841. Van Ravenswaay woonde van 1839 tot 1847 in Westerbork waar hij als landschaps- en veeschilder zijn favoriete onderwerpen voor het uitkiezen had.

*Jan van Ravenswaay, De omgeving van Westerbork omstreeks 1840 (DA)*

Over Elp schreef het maandblad Erica in 1947: "Elp is een dorpje dermate vredig afgelegen, schilderachtig en zichzelf, dat 't er wel naar uitzag dat dit zoo ten eeuwigen dage zou blijven". De zoon van de Asser rechtbankpresident Louis Albert Roessingh had het dorp al in 1906 ontdekt, toen hij zich vestigde "in de diepste binnenlanden van Drenthe". Het was een geïsoleerd gehucht met grote schaapskudden, mulle zandwegen en oude boerderijen. In 1908 liet Roessingh er een eenvoudig huisje bouwen, dat hij 'De Zandhof' noemde. In dit 'vluchtoord' kwamen vele landschappen, portretten en figuurstudies tot stand. De Drentse dichter-schrijver Hans Heyting schreef over hem: "Van het vroegere Drenthe gaf hij een representatief beeld: een beeld van de wijdsheid der heidevlakten met zandverstuivingen en tegen de hemel spokende, donkere bosjes en eenzame, stormverweerde bomen." Vanuit de tuin van 'De Zandhof' had Roessingh nog uitzicht tot aan de horizon: de Staatsbossen waren er nog niet.
Het pand aan de Smalbroeksweg 3 kreeg het huidige aanzien na talrijke verbouwingen en heet tegenwoordig Steinborg.

*Louis A. Roessingh, De Zandhof in Elp (DM)*

Ook Reinhart Dozy (1880-1947) had zijn oog op Elp laten vallen. In Antwerpen kwam hij op de Academie voor Schonen Kunsten in contact met de iets oudere Roessingh. Vanuit Antwerpen zocht hij inspiratie in het Drentse landschap. In 1911 liet hij zijn 'Heidehuis' bouwen. Aanvankelijk gebruikte hij het huis als zomerverblijf, naast de woning in Antwerpen. Vriend en Ploeg-schilder Johan Dijkstra: "Daar aan de rand van het legendarische Ellertsveld, had hij een aardig schilderhuis gebouwd met een mooi atelier. In de paasvakantie logeerde ik voor 't eerst in zijn gezellige woning. De koude voorjaarswind loeide om het huis en de grote kachel in het atelier snorde." Vanaf 1939 bewoonde Dozy zijn 'pied à terre' permanent. Vanaf dat moment werd het vredige heidehuis decor van de oorlog: het werd van schildersoord onderduikersonderkomen. In 1943 werd Dozy gearresteerd en kwam hij in kamp Vught terecht. Hij bleef daar tekenen. Verzwakt keerde hij na de oorlog terug naar Drenthe. In 1946 richtte hij met een aantal schilders in Drenthe de vereniging 'De Drentse Schilders' op. Onder hen bevond zich een aantal vroegere Ploegleden, E.B. von Dülmen Krumpelmann en Anton Heijboer. In 1947 overleed Reinhart Dozy. Hij werd begraven op de begraafplaats van Westerbork, maar vanwege zijn verzetswerk werd hij herbegraven op het ereveld te Loenen (Gld).

*Johan Dijkstra,*
*Molen van Elp,*
*1919 (Stichting*
*Johan Dijkstra)*

**Bezienswaardigheden onderweg:**
**1.Kerk en begraafplaats van Westerbork**, vele malen geschilderd door Reinhart Dozy. Op de even verderop gelegen begraafplaats liggen het graf van Louis A. Roessingh en een gedenksteen voor Dozy.
**2.Steinborg**, het voormalige Zandhof in Elp, Smalbroeksweg 3. Huis ontworpen door Roessingh.
**3.Heidehuis**, Smalbroeksweg 12 in Elp. Huis ontworpen in 1911 door Reinhart Dozy.

*Reinhart Dozy, Te laat bij de kerk. Volgens Johan Dijkstra "één van zijn oude, haast klassiek geworden schilderijen van de oude kerk te Westerbork; vooral de fraaie witte ingang inspireerde hem vroeger tot prachtige schilderijen." (DM)*

**Elp-Hooghalen-Zwiggelte-Westerbork**
*Rijd verder door op de Smalbroeksweg. Ga aan het eind rechtsaf over de Westerbroeken. Bij ANWB 24158 het fietspad nemen in de richting van Hooghalen en Herinneringscentrum Kamp Westerbork. Volg de weg naar het Herinneringscentrum en hierna, bij ANWB 10263, richting Hooghalen.*
*Ga in het centrum van Hooghalen (de kruising Hoofdstraat/Smilderweg) richting Beilen. Bij ANWB 5560 linksaf, over het spoor de Zwiggelterweg op. Bij ANWB 23393 rechtsaf tot het Oranjekanaal. Sla hier linksaf bij ANWB 23394 en volg het kanaal tot de Zwiggeltersluis (ANWB 23395). Vanaf hier naar en door Zwiggelte en vervolgens terug naar Westerbork.*

Vanuit zijn tuin in Elp kon Roessingh in de verte de lichten van het kamp Westerbork zien flikkeren. De dichter-schilder Armando, de maker van het oorlogsmonument in het centrum van Westerbork, noemde dit een 'schuldig landschap' of "een landschap dat heeft zien gebeuren, want in landschappen, in de schone natuur vinden ook de afgrijselijkste opvoeringen plaats".

Dominee Jacobus Craandijk schreef rond 1880 over Hooghalen: "'t is een onbetekenend dorpje dat maar weinig woningen kent. Zonderling is de natuur om ons heen, soms blinken de toppen van de zandheuvels met een wit fantastisch licht." Dit Hooghalen was het werkterrein van de Franse schilder Alphonse Stengelin. Midden in het dorp stond het logement van de familie Kuiper (nu café-restaurant Napoleon). Dit logement werd de pleisterplaats van veel schilders. In de loop der jaren logeerden bij Kuiper schilders als Julius van de Sande Bakhuyzen, Taco Mesdag, Willie Sluiter, Louis Roessingh, George Breitner, Willem de Zwart en Reinhart Dozy.

In de schuur van Geert Kuiper tegenover het logement kreeg de schilder de beschikking over atelierruimte. Net als zijn vriend Van de Sande Bakhuyzen ontwikkelde Stengelin een passie voor bomen. Na de Eerste Wereldoorlog verscheen hij niet meer in Hooghalen. Toen Geert Kuiper zijn pand omstreeks 1920 verkocht, begon hij schuin tegenover no. 8 het 'Schilderijenmuseum Kuiper', met achtergelaten werk van bekende Haagse school-schilders en van Stengelin. Deze verzameling bestond nog tijdens de Tweede Wereldoorlog.

*Logement Kuiper te Hooghalen rond 1900* (DA)

*Alphonse Stengelin, Gezicht op boerderij* (DM)
*Hier had Stengelin zijn atelier (locatie nu Hoofdstraat 8)*

Bezienswaardigheden onderweg:

**4. Herinneringscentrum Kamp Westerbork**, permanente tentoonstelling over oorlog en bezetting in Nederland, met in de boswachterij het voormalig kamp Westerbork.

**5. Café-restaurant Napoleon**, Hoofdstraat 1 in Hooghalen. Voormalig atelier van Alphonse Stengelin.

**6. Hiemstrastate**, ten zuiden van de weg Hooghalen-Zwiggelte. Dit landgoed op voormalige heide is in 1968 door de familie Hiemstra aan Natuurmonumenten nagelaten. Het oudste deel van het bos is aangeplant in 1875. Toen in 1920 een huis werd gebouwd, werd ook de resterende heide bebost. Het huis kreeg de naam Dennenrode. Nu is Galerie Wildevuur er gevestigd.

**7. Oranjekanaal**. Dit kanaal dat tussen 1853 en 1858 werd gegraven, vormt een geliefd thema in de schilderkunst van Drenthe. Zowel Roessingh als Dozy hebben er meerdere schilderijen van gemaakt. Dozy maakte van deze waterweg zijn 'Droomkanaal'.

*Reinhart Dozy, Oranjekanaal (Droomkanaal), 1933 (DM)*

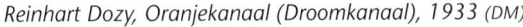

# ROUTE 6
# Meppel-Wanneperveen-Giethoorn-Darp-Havelterberg-Eursinge-Nijeveen-Meppel

Lengte: 35 km

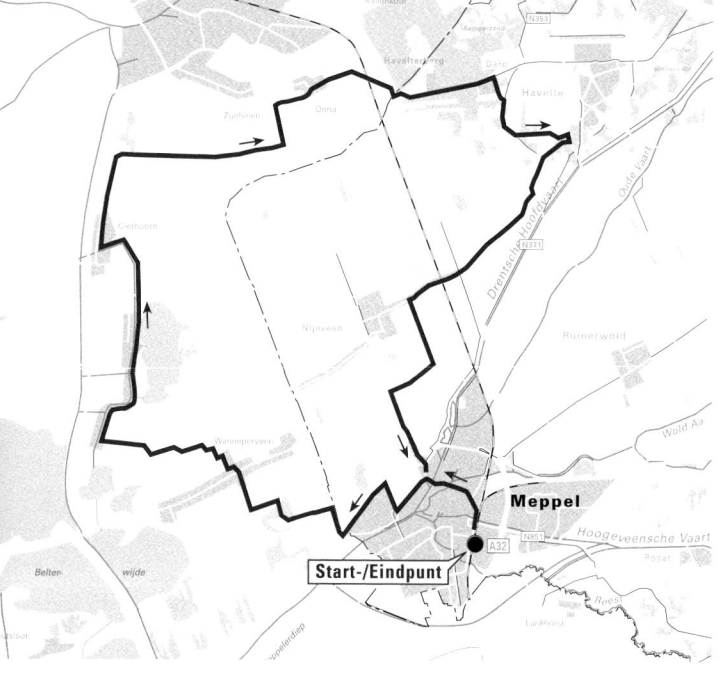

## Meppel-Wanneperveen-Giethoorn

*Startpunt is de parkeerplaats bij het NS-station van Meppel. Ga vanaf het startpunt rechts over de Parallelweg, de Burg. Knopperslaan en de Cein-tuurbaan tot ANWB 347, ga daar linksaf de Zomerdijk op. Volg bij ANWB 14233 de aangegeven weg naar Giethoorn. Sla bij de rotonde (ANWB 1042) rechtsaf over het fietspad langs de Nieuwe Dijk. Na 500 meter linksaf de Kooiweg in en fiets door naar Wanneperveen. Steek de Veneweg over en neem het fietspad bij ANWB 24200 naar Giethoorn-Zuideinde.*

Meppel is een stadje dat nog rijk aan watererfgoed is. Weliswaar is de Prinsengracht gedempt, maar de Heerengracht en Keizersgracht zijn bewaard. Onder druk van de actiegroep Stadswacht – misschien wel de eerste 'Leefbaar'-partij van Nederland – verzetten veel bewoners zich in 1978 met succes tegen de plannen tot algehele demping van de stadsgrachten.

Historisch gezien geldt Meppel als de toegangspoort van Drenthe, kunsthistorisch ligt dat wat anders. Het landschap van Meppel en omgeving is niet 'typisch Drents'. De scheepvaart heeft tot 1950 het stadsbeeld bepaald. Mogelijk lieten de meeste schilders van de Haagse school de stad om die reden links liggen. Voor waterpartijen gingen ze liever naar Katwijk of het plassengebied bij Noorden en stadshavens waren elders in het land ook wel te vinden.

Zo ontwikkelde de schilderkunst in Meppel zich na 1900 met een eigen dynamiek. De belangrijkste schilders van Meppel en omgeving kwamen uit de plaats zelf. Ze deelden een atelier dat ze de 'Oase' noemden. De autodidact Klaas Smink (1879-1969) was de centrale figuur van deze groep. Hij zocht in de binnenstad zijn onderwerpen langs de grachten en in de binnenstraatjes van de stad. Smink werd bij uitstek de schilder van de grachten en achterbuurten van Meppel. Hij had grote invloed op een aantal jongeren, die tussen 1910 en 1950 hier het artistieke klimaat bepaalden. Hoewel generatiegenoten van Roessingh en Dozy, keken ze met andere ogen naar het landschap. De meesten van hen brachten het stadsbeeld en de omliggende lage landen in beeld.

Smink, geboren in Giethoorn, schilderde Meppel zijn leven lang: beelden van een kleine stad met achterbuurten, stadstuinen en walkanten met schepen. Daarmee ontwikkelde hij intuïtief zijn eigen stijl. Smink stimuleerde daarnaast jongere schilders in hun ontwikkeling: Antony Keizer (1897-1961), Piet Zwiers (1907-1965), Tinus Ponne (1910-1967) en Albert Torie (1896-1969). Ze ontwikkelden zich allen in een eigen richting. Ook had ieder van hen een favoriet landschap. De leden van Oase hadden onder meer een atelier in de Weteringdwarsstraat.

*Klaas Smink,*
*Blauwververij,*
*ca. 1930*
*(Part. Coll.)*

*Klaas Smink, Stadsgezicht Meppel, jaren '30* (DM)

*Albert Torie, Schepen aan de Stoombootkade (Part. Coll.)*

Bezienswaardigheden onderweg:
**1. De grachten geven Meppel een stedelijk karakter.** Aan de Sluis-gracht 122 stond het geboortehuis van de schilder Jan Mankes (1889-1920), die vooral bekend zou worden door zijn verstilde Friese landschappen in de buurt van Heerenveen.
**2. Kiersche weide:** geliefd schildergebied van Albert Torie, dat te-genwoordig deel uitmaakt van het natuurgebied 'De Wieden'. Hier aan de Kooiweg treft u tevens de restanten van een oude kooiplaats.

## Giethoorn-Darp-Havelterberg-Veendijk-Nijeveen-Meppel

*Vervolg in Giethoorn-Zuideinde de weg door bij ANWB 21307 rechtsaf te slaan. In het dorp passeren achtereenvolgens het Zuiderpad, de Langesteeg en de Kerkweg tot Giethoorn-Noordeinde. Bij het Molengat wederom het fietspad inslaan. Langs de Beulakerweg richting Steenwijk fietsen. Onmiddellijk vóór de bebouwde kom rechtaf over De Auken. Bij ANWB 5077 langs Onna naar Havelterberg. Ga bij ANWB 3141 door de fietstunnel naar Darp. Sla bij ANWB 20623 rechtsaf richting Eursinge. Vervolgens rechts over de Eursingereschweg en dan links over de Eursingerlaan langs Overcinge. Vanaf het huis Overcinge de Linthorst Homanlaan nemen en op de driesprong voor het fietspad door het bos kiezen. Via de Buitenpostweg en de Veendijk bereikt u Nijeveen. Bij de kerk linksaf de 1e Nijeveense Kerkweg in. Via het fietspad langs de Nieuwe Nijeveenseweg terug naar Meppel.*

De turfgraverij rondom Giethoorn resulteerde in een bijzonder waterlandschap. "Bij het noemen van dien naam verrijst voor de verbeelding van hem, die het voorrecht had Giethoorn te bezoeken, meer dan één rijk gestoffeerd schilderij, met die eigenaardige tinten, die alleen het wazige Nederlandsche landschap biedt…Het kronkelende water in de punter volgende, dat Giethoorn in een Oost- en West gedeelte scheidt, vormt telkens het geboomt, waar langs zich waterplanten slingeren, een afgesloten geheel. Hierdoor onstaan opvolgend, als het ware, afzonderlijke schilderijtjes. De wisseling van schaduw en licht, door de zon te weeg gebracht en telkens weer verplaatsende door de beweging der bladen, vormt een stoffeering van het landschap, zooals zij slechts zelden voorkomt", schreef F.A. Hoefer in 1914 als inleiding op zijn historische beschrijving van het dorp. Opmerkelijk is het dan ook dat de Kop van Overijssel laat ontdekt werd als schilderkunstig aantrekkelijke streek. Willem Bastiaan Tholen (1860-1931), Amsterdammer van geboorte, ontdekte Giethoorn vanuit Kampen, waar hij zijn jeugd doorbracht. Omstreeks 1896 schilderde hij er voor het eerst. Hij geldt als een late representant van de Haagse school.

*Willem Tholen,*
*Vaart bij*
*Giethoorn,*
*ca. 1885 (DM)*

Klaas Smink, geboren in Giethoorn, kende Tholen uit zijn jeugd, maar het was vooral Piet Zwiers die in Giethoorn veel inspiratie vond. In 1938 vertrok hij uit Meppel en vestigde zich aan de dorpsgracht in de boerderij 'De Gythorn'. Piet Zwiers maakte de opname van de film 'Fanfare' (1958) van dichtbij mee. Het huis werd als uitvalsbasis voor de opnames gebruik. Bovendien kende hij de schilderende broers (Folkert en Johan) van Bert Haanstra goed.

*Piet Zwiers, Gezonken boot met riet (bij Giethoorn)*

Een geval apart was Arie Zwart (1903-1981). Na een intensief contact met Smink vond hij zijn eigen weg. Anders dan Smink was Zwart permanent met zijn woonboot 'De trekschuit' onderweg. Vanaf 1937 legde het schip 's winters meestal in Meppel aan. Daar kwam hij in contact met de Meppeler kunstenaars. Het is vooral Smink, die hem aanzette tot een lichter kleurgebruik. Over Zwart: "Een van onze echte buitenschilders, één die alleen maar gelukkig kon zijn als hij met zijn schilderskist in een malse wei vol bloemen langs de kant kon zitten".

*Arie Zwart, Vlonder te Giethoorn, 1939 (Part. Coll.)*

Antony Keizer was van de Oase-leden de schilder die het meest op het klassieke Drentse landschap was georiënteerd. Hij schilderde veel in de omgeving van Darp. Dat was voor de oorlog nog een schilderachtig dorp met een wat bohémien levende bevolking. Het arbeidersdorp werd vanwege de aanleg van een vliegveld in de Tweede Wereldoorlog afgebroken. "In plaats van het oude Darp met zijn krotwoningen verrees er een nieuw Darp, met moderne arbeidershuizen, een verandering die op de hele levensstijl van deze primitieve heidebevolking haar invloed deed gelden", schreef J.M. van der Torre in een sociologische studie over de streek. Ook het buurtschap Havelterberg onderging een gedaanteverwisseling: De 'berg', voorheen heidegebied, werd in 1934 bij wijze van werkverschaffing herbebost.

*Antony Keizer, Korenschoven bij Havelte* (DM)

**Bezienswaardigheden onderweg:**
**3. Het bijzondere dorp Giethoorn**, de toeristische trekker bij uitstek.
**4. Bisschopsberg**: de plaats waar de bisschop van Utrecht in de middeleeuwen vanuit Steenwijk Drenthe binnentrad. De berg maakt deel uit van de Havelterberg, een heuvelrug die is ontstaan in een van de laatste ijstijden.
**5. Het huis Overcinge**: dit aanzienlijke huis dateert uit de zeventiende eeuw en is gebouwd door Gerard Struuck. Later werd het vooral bewoond door leden van de familie Kymmell en de Drentse Commissarissen der Koningin Linthorst Homan. Roessingh schilderde het pand in 1893 toen hij twintig jaar oud was.
**6. Het buurtschap (De) Veendijk** heette oorspronkelijk Het Lege Veld. In dit veengebied staken de Havelter boeren turf.
**7. De Nederlands Hervormde kerk van Nijeveen**: werd al rond 1732 getekend door Cornelis Pronk, toen hij met lakenkoopman Andries Schoenmaker door de Zuidwesthoek van Drenthe trok. Topografisch tekende Pronk goed: de kerk lijkt door de jaren amper veranderd.
**8. Nijeveense grift en Kolderveense grift**. Tussen Meppel en Nijeveen lopen drie griften. Deze kanaaltjes van middeleeuwse oorsprong zorgden voor de ontwatering en het vervoer van afgegraven veen.

## Verder lezen over schilders in Drenthe

*Saskia de Bodt, Jan Jaap Heij e.a.*
De Haagse school in Drenthe, Zwolle 2000

*Bé Doorten*
Meppel en zijn schilders, Meppel 1985

*Wout J. Dijk en Meent W. van der Sluis*
De Drentse tijd van Vincent van Gogh, Groningen 2001

*Roel Sanders*
Schilders van Drenthe, Zuidwolde 2001

*Roel Sanders*
Schilders van Zweeloo, Zweeloo 2007

*Frans van der Veen*
Honderd jaar Drenthe, de Drenten en hun
kunstenaars, Zwolle 1992

*Frans van der Veen*
Gekleurd beeld. Vijftig jaar Drents
schildergenootschap, IJhorst 2005

*J.G.C. Vegter*
Drenthe, het land van de kunstschilders,
Nieuwe Drentse Volksalmanak 34 (1916), 173-229

*Louis Roessingh, Huize Overcinge te Havelte, 1893 (Part. Coll.)*